LA POLITIQUE

DU

SECOND EMPIRE

PARIS

E. DENTU, LIBRAIRE-ÉDITEUR

PALAIS-ROYAL, 13, GALERIE D'ORLÉANS.

——

1861

LA POLITIQUE

SECOND EMPIRE

Remember !

I

Des insinuations hasardées et souvent malveillantes, à l'endroit de la politique française, ont égaré l'opinion publique. A des étonnements d'abord simulés ont succédé des apparences telles que les auteurs des bruits les moins acceptables pourraient bien prendre eux-mêmes le fantôme pour la réalité. Si cette erreur n'avait qu'une action circonscrite ; si elle n'entravait point la marche régulière de l'industrie et du commerce, il faudrait regretter encore ces échappées fantaisistes vers l'inconnu, vers l'impossible. Malheureusement l'épidémie de la peur gagne du terrain, et il est à craindre qu'un jour ou l'autre les meilleurs esprits ne soient pris de la contagion.

Nous avons à constater, dès la première période du fléau, de sérieux ravages. Les budgets respectifs des peuples de l'Europe grossissent étonnamment le chiffre de la dette publique ; l'impôt du sang est plus que doublé ; la spéculation honnête recule pour s'arrêter devant les hardiesses ou les découragements étudiés des agioteurs ; les affaires languissent ; la prospérité générale est compromise, et le mot : Guerre européenne ! retentit comme le glas des funérailles !!!

Si, par hasard, ce bulletin à peine indiqué des résultats d'une panique qui augmente à chaque minute, trouvait, non pas des incrédules, mais des insensibles parmi les régents de l'opinion publique, nous ajouterions, à la liste déjà donnée, comme un nouveau malheur, la déconsidération de la presse.

Le journalisme a toujours rencontré des adversaires. Ceux-ci, divisés en plusieurs camps, concluent, d'une seule voix, par un arrêt de tutelle à imposer à la publicité.

Les motifs sont divers ; mais, en somme, ils mènent aux mêmes conclusions.

A ceux qui prétendent que la presse est un des rouages indispensables au mécanisme d'un gouvernement sérieux et durable, on répond : Retard funeste, ou avance désespérée sur la marche de l'opinion publique !

Puis viennent des considérations passionnées et dont nous ne pouvons ici nous faire l'écho. Les mots : Apostasie, Intérêt privé, Servilisme, servent de texte aux récriminations ; et ce qui donne à l'arrêt prononcé une autorité, sinon irréfragable, au moins spécieuse, c'est la lutte engagée entre les organes mêmes de la publicité.

Nous ne voulons point, en constatant ces dispositions hostiles, les justifier, tout en faisant les réserves qu'exigeraient les circonstances atténuantes. Nous laisserons aux journaux le soin de la défense, nous bornant à nous plaindre, avec les partisans d'une sage liberté, d'une confusion de principes qui mènerait, dans un temps donné, non pas seulement à la déconsidération, mais au suicide.

Pourquoi le décret du 24 novembre dernier, ce premier pas fait vers une réhabilitation de la presse, a-t-il soulevé en France des clameurs ?

Tandis que les uns n'acceptaient qu'avec défiance les arrhes d'un octroi plus complet ; que d'autres semblaient se résigner au sort nouveau qui leur était fait malgré eux, certains journaux s'insurgeaient, c'est le mot, et regrettaient les entraves de la veille !

Tiraillée en sens divers, l'opinion publique arrivera au dégoût. Bientôt elle répétera les accusations formulées par les adversaires passionnés de la liberté de discussion.

Et déjà la voix de la presse française ne frappe plus les nations étrangères que comme un vain bruit, sans signification comme sans portée. Tel article, affectant les dehors de l'inspiration officielle, obtient un succès d'un jour pour pâlir et s'effacer sous le démenti du lendemain.

Alors, ici et là, un peu partout, l'imagination, surexcitée par la peur ou par la malveillance, prête à la France des projets d'envahissement. Elle fausse la réalité et entrave la marche naturelle des événements.

L'Angleterre, l'Allemagne, la Prusse, la Suisse restent l'arme au bras. Si, par intervalle, s'ouvre sur l'horizon nébuleux qui nous enveloppe une faible éclaircie, le bruit qui sort des ateliers où se fondent les canons, où se forgent les épées, ramène fatalement les esprits à la défiance et aux précautions.

La pluie de brochures dont nous avons été inondés depuis plus de dix-huit mois, a défoncé et bouleversé la route de l'observation calme et sérieuse. Si quelques-unes de ces créations d'une température forcée ont mérité le travail de l'examen, elles n'étaient ni assez précises, ni assez officielles pour ramener le calme et la confiance. Puis les quelques espérances qu'elles auraient pu faire naître, n'étaient-elles pas empêchées par la pose de matamore que prenaient certains pamphlétaires improvisés?

Passons donc l'éponge sur les fantaisies d'un passé que le décret de novembre doit nous faire oublier. Cependant, comme tous ces ballons perdus ont effrayé, plus ou moins, les masses; comme la panique, en se prolongeant, peut embarrasser et compromettre l'avenir, faisons ce que les auteurs des brochures et les organes réguliers de la presse auraient dû faire : rassurons l'opinion publique en abordant, franchement, sans arrière-pensée, la politique vraie du second Empire.

Nous n'avons point la prétention, bien entendu, de forcer la main à personne, de donner des conseils : mais nous nous souvenons ; et les événements accomplis depuis 1789, nous paraissent

à la fois le point de départ et le but de la politique
impériale.

II

Le second Empire n'est ni une surprise, ni un
essai. Il met fin à la lutte qui, pendant trois
quarts de siècle, a livré les sociétés aux caprices
des événements. Les prémisses posées, discutées,
il conclut.

Le droit divin a compté des gloires ; son règne
ne fut point stérile ; et nos franchises, échappées
au frottement des révolutions, restent comme un
souvenir d'un passé dont la France doit être
fière.

93 n'eut rien de commun avec les principes
du droit populaire acclamés en 1789. La réforme
glissa dans le sang des martyrs de la liberté vraie
et durable. Où allions-nous si le vainqueur d'Ar-
cole et des Pyramides n'eût fait rebrousser le
torrent de la barbarie !

Mais qu'on ne s'y trompe pas : cette succession
de victoires qui étonnèrent le monde n'était que
le travail du semeur qui laissera à d'autres le
gain de la moisson. L'Europe a tressailli devant
nos invincibles phalanges ; mais le temps seul et
la réflexion devaient amener les peuples à com-
prendre la part et l'usage de leurs droits qu'il ne
faut jamais séparer des devoirs.

Si le premier Empire eût voulu achever son
œuvre il eût succombé à la tâche. La trahison a
accéléré sa chute : a-t-elle déplacé les bases de
l'édifice social à construire ?

La Restauration est devenue un compromis, peut-être un trait d'union entre le passé et l'avenir. La charte fut l'arrêt mitigé du droit divin. Quinze années de sacrifices faits à l'opinion publique ne purent retarder l'heure de la déchéance qui ne fut point hâtée, comme on l'a prétendu, par les ordonnances de juillet.

La Royauté du 7 août 1830 n'était qu'une création hybride. La devise inscrite sur le nouvel écu — Bourbon et quoique Bourbon — ne valait, en définitive, que ce que vaut un jeu de mots. *La meilleure des Républiques* prit, trop vite, les allures du bon plaisir pour donner le change aux esprits sérieux. Ce fut, à proprement parler, une halte pendant laquelle l'habileté, le talent, le dévouement sincère ne purent cacher la pauvreté des moyens, la désorganisation des rouages, la fragilité de l'œuvre. Aussi quelques minutes suffirent-elles à l'écroulement de l'échafaudage si péniblement élevé.

Sur les débris d'un trône mal assis, quelques hommes de bonne volonté se hâtèrent de hisser une création informe, la République. Ils oublièrent de lui donner une âme. . . . . . .
Pour cacher les rides, pour appeler les adorations ou le dévouement, ils drapèrent d'étoffes bigarrées ce cadavre exhumé des charniers de 93. En vain les grands-prêtres de la caduque divinité prodiguèrent l'encens, les fleurs, toutes les conditions d'un culte public. En vain copièrent-ils les fêtes mythologiques du passé; la foule regardait curieuse, comme toujours; mais l'enthousiasme se

faisait attendre. Après les parades de la place publique, commença l'œuvre intérieure de désorganisation sociale. Au lieu d'utiliser les matériaux fournis par le passé pour construire le nouvel édifice, chacun présenta son plan, sa pierre, son ciment; et la nouvelle Babel devint un champ clos d'où sortaient des décrets impossibles, des mesures contradictoires. Le peuple, impatient et déchargé des devoirs, s'arma pour exercer ses droits. La guerre civile provoqua bientôt la dictature.

Les Républicains du lendemain, ce qui veut dire les entraînés, regrettèrent leur premier mouvement d'adhésion. Ils comprirent que la séparation de l'or pur du vil métal ne pouvait s'opérer qu'au milieu du calme que donne la confiance. Alors ils écartèrent de la route à suivre les utopistes, les brocanteurs de vieux-neuf.

Libres enfin dans leur action, ils confièrent l'avenir de la France, et peut-être celui de l'Europe, à l'héritier d'un grand nom. Les conditions du pacte fait avec le passé ramenaient nécessairement, dans un temps voulu, le second Empire.

Ces conditions, en effet, imposent un labeur prolongé.

Pour utiliser l'expérience acquise, pour adapter aux assises de l'édifice à élever les matériaux fournis par les siècles précédents, pour lier, consolider les parties, en assurant la solidité de l'œuvre tout entière, il fallait plus qu'un intérêt dynastique, il fallait le dévouement du patriote, la liberté d'action, l'avenir.

Les peuples, comme les fleuves, s'arrêtent, mais ne reviennent point en arrière. L'ambition vulgaire pourrait se contenter d'un titre et d'une couronne. La lutte a ses dangers ; mais n'a-t-elle pas ses gloires !

La politique du second Empire acceptait nécessairement les progrès, les aspirations, les espérances réalisables des monarchies ; elle ne pouvait encore repousser ce que les gouvernements plus ou moins démocratiques avaient essayé sans succès.

Cette acceptation bien comprise ne permet plus les suppositions hasardées, les défiances. Elle répond victorieusement aux récriminations irréfléchies ; elle doit enfin mettre un terme au malaise causé par des rumeurs stupides quand elles ne sont pas malveillantes.

Remember !

III

Tous les chefs du gouvernement en France, sauf quelques rares exceptions, ont défendu l'indépendance de la nation, son honneur et ses gloires. Qui ne sait les plans arrêtés pour mettre fin à des usurpations heureuses ? Nos annales transmettront à tous les âges le souvenir du patriotisme de nos rois.

Au premier signal de la Révolution de 1789, l'Europe surprise suivit, avec inquiétude, la marche rapide des événements. Ceux-ci ne déterminèrent une première coalition que par la crainte d'une revendication légitime. De monarque à monarque les compromis sont possibles ; mais lorsqu'une nation somme un roi, son débiteur, de la satisfaire, point de délai, point d'ajournement. Le compte ouvert se poursuit sur le champ de bataille ; un sceptre et une couronne peuvent devenir l'appoint de la créance.

Plus d'un royal débiteur de la France a soldé sa dette, capital et intérêts, sous la République et sous le premier Empire. Aussi avec quelle frénésie les coalisés victorieux un jour, après cent défaites, se jetèrent, en 1814, sur la France abattue! Ivres d'un succès si longtemps attendu et si chèrement acheté, ils firent main basse sur la fortune publique, sur la fortune particulière. Et lorsque le vandalisme eut pris tous ses ébats, qu'il ne resta plus que le sol, ou à peu près, — partageons! se dirent-ils. — Partager! imprudents! mais ce sol va manquer sous vos pas. La population, bien que décimée, engagera une lutte extrême, corps à corps; et les fuyards seuls échapperont à l'étreinte pour aller dire au Nord, au Midi, à l'Orient, à l'Occident :

« La France a été vaincue; mais elle a dévoré les envahisseurs. »

— Enchaînons alors le captif!

Les traités de 1814-1815 inscrivirent, en quelques lignes, toute l'histoire du passé — méfiance, haine — terreur et faiblesse.

Et lorsque les longs jours de l'occupation furent enfin écoulés, l'ennemi qui se donnait le nom d'allié se retira pas à pas, à reculons, dévorant de l'œil la proie qu'il fallait lâcher ; craignant encore que le lion fatigué, insulté, blessé jusqu'au cœur, ne se relevât soudain.

Halte ! crièrent et l'Autriche et la Prusse, après quelques jours de marche.

Et les cohortes s'arrêtèrent ; et la France se vit cernée, comprimée, surveillée.

L'Italie s'appela : Autriche ! . . . .

. . . .

L'expédition d'Espagne, si diversement appréciée, restera, quoi qu'on dise, une première étape glorieuse. Elle levait les scellés mis par la Sainte-Alliance ; la France brisait résolument ses chaînes.

Navarin, Alger proclamèrent l'émancipation accomplie. Et si les geôliers se plaignirent de ces trois échappées sur le terrain de l'indépendance, qu'auraient-ils dit s'ils eussent connu la requête que la Restauration leur préparait !

La monarchie du 7 août 1830 calma les colères et dissipa les craintes.

La Révolution de Février 1848 sonna le glas de la Sainte-Alliance.

L'Europe s'étonne ; les rois attendent : ils achètent la vie au prix de leurs droits discutés. Les peuples se souviennent et demandent non plus des promesses évasives, des billets à échéance, mais du comptant.

Le principe des nationalités est posé et exige une solution.

La France remet au chef qu'elle se donne son honneur, ses intérêts, ses droits.

Et il ne s'agit ni de conquêtes, ni de représailles,

ni d'empiétements ; mais de l'indépendance établie, reconnue, acceptée.

Sans une influence légitime, incontestable ; sans l'effacement complet des traces d'un passé insultant ; sans la disparition des bastilles élevées autour de nous, nous restons comme en tutelle, exposés aux éventualités les plus compromettantes. La guerre sort fatalement de cette pression plus ou moins déguisée ; et l'Empire doit être la paix.

IV

Le suffrage universel ferme l'ère des insurrections. Cette pierre d'assise de notre état social permettra à l'édifice de prendre des développements prodigieux. Le suffrage universel, cette voix du peuple, a besoin, comme tous les éléments d'un progrès durable, non pas d'être circonscrit, mais d'être éclairé, dirigé dans sa manifestation. Ces conditions essentielles qui n'ont rien de l'entrave, rendent impuissants les efforts de l'esprit de parti. L'homme collectif a toutes les faiblesses de l'individu. Sa première inspiration le porte vers le droit, la justice, la vérité. Mais les passions, les intérêts traversent, détournent et vicient ce noble instinct. Ne soyons donc point surpris si, dans l'accomplissement de ses premiers actes, le suffrage universel a trouvé le patriotisme et les lumières pour lui servir de guides au début de l'immense carrière qu'il doit parcourir ; carrière immense, car il fera le tour du monde. Et à chaque étape de ce pèlerinage entrepris au nom de la civilisation, au nom de l'accord des peuples, au nom de la paix des sociétés, ce juge suprême du mérite, de l'énergie et des titres au commandement se débarrassera des quelques défauts qu'on pourrait appeler d'origine mais qui, avec le temps, s'ils ne disparaissaient, tourneraient contre les peuples l'arme toute-puissante qu'ils ont reçue de la liberté. Et ce travail que nous oserons nommer le travail de la virilité, nous amènera à établir, non point des restrictions humiliantes, l'ostracisme pour les uns, la faveur pour d'autres ; mais des degrés logiques. Autrement nous verrions le suffrage universel exposé fatalement à deux dangers excessifs ; l'abstention et la violence.

Le cadre que nous nous sommes tracé n'admet que des constatations. Un jour, bientôt peut-être, nous aborderons résolument les conditions d'équité, d'existence, d'avenir, que nous ne pouvons discuter ni établir ici. Nous suivrons alors le suffrage universel dans sa marche à travers les forêts vierges du Nouveau-Monde qu'il a peuplées. Nous verrons ce qu'il était, son caractère, sa puissance lorsqu'il créa la Confédération des États-Unis de l'Amérique du Nord ; et le trouvant aujourd'hui armé du revolver, suivi du juge Lynch, nous reconnaîtrons, bon gré malgré, que l'état démocratique de l'Union ne nous a été présenté, par ses admirateurs les plus consciencieux, que dans les conditions d'épreuves photographiques ; reproduction fidèle des formes extérieures,

mais reflet blafard d'un lutteur endormi. Nous
avons sous les yeux un mécanisme au repos ; le
mouvement seul peut éprouver la solidité des
rouages.

Le suffrage universel n'est ni une importation,
ni une création moderne. Le catholicisme lui
doit, après Dieu, son immortalité.

Le lendemain du règne de la Terreur, dès que
la pensée se trouva libre, la voix du peuple français prononça, pour être inscrit dans nos annales, l'arrêt de condamnation de l'ère démagogique ;
et, pour faire obstacle au retour de la barbarie,
elle sacra un nouveau Charlemagne.

La révolution de Février 1848 rendit à la nation son droit inaliénable, mais dont l'exercice
avait été suspendu par le caractère même des
événements.

Le second Empire ne déchirera jamais le sein
de sa mère.

Qui lui reprochera son origine et les sympathies qu'il doit à tout pouvoir émanant du peuple?

Les récriminations de l'absolutisme s'expli-
quent si elles ne peuvent être acceptées.

Mais que les organes de l'opinion publique,
chez une nation libérale, essaient jusqu'aux traits
du ridicule contre le suffrage universel, cette attaque illogique n'inspirerait que de la pitié si elle ne
dénonçait une haine jalouse ou une terreur moti-
vée par l'impuissance ; l'une et l'autre peut-être.

Et nous ne relâcherons point les liens d'une entente rationnelle, lorsque, pour affaiblir et étouf-
fer des rumeurs plus que hasardées, nous déchi-

rerons le voile jeté par la malveillance sur l'esprit et la lettre du programme politique et social du second Empire. Un acte de justice ne froisse et n'irrite que les factions.

Ce programme fut écrit, dans les comices, sous la dictée du peuple français.

Article 1er et unique : Revendication de l'indépendance nationale.

Et tandis que, sous le souffle tout-puissant de la volonté populaire, disparaissaient les feuillets lacérés des traités de 1815, un murmure que l'on eût pu prendre pour un gémissement, pour un cri de douleur, se fit entendre dans le lointain. C'était une accusation. — La France voulait continuer les conquêtes du passé.

Les préliminaires de Villafranca mirent bientôt à néant le réquisitoire formulé au hasard.

Pris à l'improviste, les dénonciateurs se recueillirent; puis, exploitant des incidents imprévus, les voici réunissant les débris de leur premier échafaudage pour, du haut de cette plate-forme mal assurée, provoquer l'insurrection....

L'histoire de la guerre austro-italienne deviendra un enseignement pour les peuples et pour les rois.

En esquissant le premier chapitre que nous laisserons ouvert, nous ne voulons que rétablir des faits mal compris ; juger chacun selon ses œuvres, et, avant tout, présenter la question italienne telle qu'elle fut posée par la France. Nous verrons celle-ci suivre, sans hésitation comme sans reproche, la ligne qu'elle s'était tracée.

V

Le principe des nationalités est, comme le principe du suffrage universel, un droit primordial. Il consolide le pouvoir si celui-ci résume les aspirations, les intérêts, les mœurs des gouvernés. Trouve-t-il un contraste, une opposition ; il ébranle, renverse et brise les trônes.

L'Italie, bien que soumise à la loi étrangère, n'a jamais renoncé à son autonomie. Son asservissement ouvrait l'ère des révolutions.

Le second Empire trouva les États de la Péninsule agités, inquiets, presque armés. Des promesses de réformes sociales avaient été violemment annulées. Rome et Turin, qui déployèrent en 1848 l'oriflamme de l'indépendance, avaient abandonné, l'une arrêtée par le spectre de la démagogie, l'autre trahie par la fortune, les populations marchant à la liberté. Et alors le joug était plus pesant ; l'insurrection comprimée devenait plus menaçante.

Cependant il fallait, pour arriver à une solution pacifique et durable, au moins un demi-repos, ne serait-ce qu'une halte. La France, par l'occupation de la Ville Éternelle, avait obtenu, au prix du sang de ses fils, quelques années de calme relatif. Ses conseils désintéressés ne furent point épargnés. Mieux comprise, cette intervention éclairée et bienveillante rendait toute lutte impossible ; et les préliminaires de Villafranca n'eussent point été signés sur un champ de bataille encore fumant.

2

Le traité de Zurich rendit l'Italie à elle-même. Une confédération sauvegardait, dans une certaine mesure, jusqu'au pouvoir des princes fugitifs.

Tandis que la France vole heureuse et fière au devant des héros de Magenta et de Solferino ; que l'Autriche attend avec confiance le résultat promis d'une paix dont elle apprécie l'opportunité et l'enseignement, un vent de discorde s'élève, et une guerre imprévue, inexplicable, sans plan arrêté, allant au hasard, par soubresaut, éclate tout à coup. La question italienne, si nettement posée hier encore, presque résolue, se complique au point qu'après avoir reculé de dégoût devant la trahison ; qu'après avoir flétri, en son cœur, les artisans des calamités et des apostasies provoquées, on se demande si la cause de l'Italie n'est pas plus compromise aujourd'hui qu'elle ne l'était il y a deux ans !

Nous n'avons ni la volonté, ni le courage de sonder l'abîme qui se creuse de plus en plus, attendant pour les engloutir les vainqueurs et les vaincus.

Qui citera devant le tribunal de l'opinion publique les promoteurs de cette affreuse mêlée ?.

. . . .

. . . .

. . . .

L'écrivain qui, un jour, recueillera les faits pour les classer, trouvera-t-il le fil d'une nouvelle Ariane, afin de sortir des ténébreuses voies dans lesquelles il lui faudra s'engager ? Nous, témoins des complications qui ajournent le dénouement

du drame italien, que pouvons-nous constater ?
Des rumeurs, des suppositions . . . . . .

. . . .

Nous n'avons ni à accuser ni à défendre.

Des bruits hasardés ne s'acceptent point.

Mais nous regretterons toujours des imprudences énormes qui, sous le titre de—conseils,—
travaillèrent l'opinion publique et provoquèrent
des débats qui se prolongeront peut-être après
la solution de la question pendante.

Enfin Vienne, Rome et Naples ont trouvé des
assaillants à ciel découvert ; assaillants plus hardis que bien armés. Quelques éclaireurs se détachèrent pour essayer la conversion des gouvernements endurcis. La voix de ces petits prophètes
improvisés avait des soupirs et des larmes.
Furieux de l'insuccès de la mission qu'ils s'étaient
donnée, ces faux Jérémies dépouillèrent leur
vêtement emprunté, et l'on vit : — non pas des
Goliaths et des Samsons — mais des pygmées se
hissant l'un sur l'autre pour vomir l'insulte et
l'outrage à la face des rois ; pour appeler les peuples à l'insurrection. Et comme ils avaient couvert de boue hommes et choses, et comme ils
avaient sali de la bave du calomniateur délirant
les institutions les plus sacrées, ils criaient : frappez , renversez, faites disparaître ces monstrueuses créations !

Le signal de la destruction une fois donné, la
défense devenait nécessaire. Cette défense est
restée digne et noble. Le lendemain de la victoire
le vaincu serait plus grand que le vainqueur.

Le bruit des combattants arrivait jusqu'à nous. L'écho du premier coup frappé par les assaillants causa plus de surprise que d'enthousiasme. Au deuxième bulletin des victoires et défaites de l'insurrection, les spéculateurs se mirent de la partie. On n'agiote pas seulement à la Bourse et sur l'asphalte de ses abords : les actions émises par la calomnie et l'impudeur trouvent à se placer. Alors des mansardes au troisième sous-sol du pandémonium de la publicité se croisèrent les projectiles destinés à ouvrir la brèche et à accélérer l'occupation des places attaquées. Les bombes de cet arsenal auxiliaire n'étaient que des bulles miroitantes, sans valeur et sans force ; et les traits qui sortirent de ces ateliers péchaient par la trempe.

Vienne, Rome et Naples n'avaient point à s'inquiéter de ces feux-follets de l'insurrection. Mais es assiégeants comptaient sur des arsenaux mieux organisés et pouvant fournir des batteries formidables. La presse sérieuse donna ses volontaires, puis sa grosse artillerie. Heureusement, les auxiliaires s'aperçurent, après quelques décharges à lmitraille, des défauts du plan de l'attaque et des dangers de la position qu'ils avaient prise. Le feu de leurs pièces se ralentit alors; et aujourd'hui, nous en sommes il est vrai au vingtième bulletin non pas des victoires, mais des échecs, aujourd'hui la grande presse ne tire plus que quelques coups à poudre pour acquit de conscience.

Car on ne parle maintenant qu'à voix basse du projet d'unification italienne. La Vénétie, que l'Autriche était sommée de vendre, pourrait faire une excellente figure dans une confédération bien cimentée; et Rome n'est plus aussi coupable dans ses résistances qu'on le prétendait. . . . . .

. . . .

Ce premier pas fait en arrière s'explique-t-il par la lassitude, ou par l'impuissance? Nous aimons mieux accepter ce retour au sens commun en constatant l'apaisement des esprits, l'action du temps et de la réflexion. Que l'Angleterre, protestante et soi-disant libérale, attaque le Pape et les rois qui goûtent médiocrement ses protectorats, l'Angleterre est dans son rôle. Mais des catholiques devraient-ils outrager le représentant de la foi de leurs aïeux et pousser à des révoltes qui ne s'arrêteraient que sur les débris du dernier trône!

Nous tenons compte, sans difficulté aucune, des exigences de l'époque; nous savons que l'indifférentisme en matière de croyances religieuses va gagnant du terrain; que les publicistes enrôlés sous tel drapeau doivent payer de leur personne; il ne faut pas que l'on s'aperçoive, en effet, que le cœur leur manque; mais ne sont-ils pas tous et chacun des hommes trop bien élevés pour oublier les convenances au point de blesser, par des attaques brutales et, en définitive, sans résultat, la foi de la nation tout entière?

Le tourbillon qui emportait bien des gens, malgré eux peut-être, s'éloignera pour disparaître enfin. Les esprits sérieux, les insultés eux-mêmes oublieront d'autant plus facilement ces jours de confusion dans les idées, d'inconséquence dans les actes, qu'ils ont mis leurs espérances dans la politique du second Empire.

Or cette politique à l'endroit de la question italienne est restée ce qu'elle était à Villafranca.

Les faits sont des arguments qu'on ne discute pas ; il faut les accepter.

L'occupation protectrice de Rome et des États de l'Église ; le rappel de l'ambassadeur français accrédité près la cour de Turin : le refus de reconnaître le blocus de Gaëte, et mille et un incidents que chacun a pu apprécier, ne permettent ni la discussion, ni le doute. Est-ce à dire que cette politique intelligente et pacifique triomphera du mauvais vouloir des uns, de l'ambition aveugle des autres, et qu'elle évitera à l'Italie d'abord, puis à l'Europe, les complications et les malheurs de la guerre civile ?

Nous avons annoncé que nous laisserions ouvert, après une rapide esquisse, le premier chapitre de l'histoire de la lutte austro-italienne. Mais, afin d'indiquer nettement le but que nous nous proposons, en rappelant à ceux qui l'auraient oublié la mission que remplit le second Empire, nous allons établir, sur les bases mêmes du traité de Zurich, l'œuvre de conciliation, de grandeur et de paix dont l'accomplissement a été empêché par des maladresses, par des imprudences inqualifiables, par le désordre enfin.

VI

Richelieu et, avant ce grand ministre, plusieurs

de nos rois voulurent, nous ne dirons point effacer l'Autriche, l'anéantir, mais l'interner. Les traités de 1815, qui furent plus qu'une menace faite à la France, provoquaient l'application de cette politique essentiellement nationale.

Empêchée par les événements, la France attendait, avec une fiévreuse impatience, l'heure de la justice. Lasse de promesses toujours ajournées, elle rejeta enfin les compromis pour prendre en main sa fortune et ses gloires. Mais un gouvernement républicain ne trouvait ni sympathies, ni alliances. L'Europe restait sur ses gardes ; puis ne comptait-elle pas toujours sur des ambitions et des rivalités qui forceraient le pouvoir à employer tous ses moyens à maintenir et sauvegarder l'ordre intérieur ! Le retour à l'Empire ne fut donc que la conséquence d'une politique traditionnelle. La dignité de la France ne permettait plus de reculer l'heure de la justice ; un plus long retard devenait une prescription.

Le second Empire cependant traversait trop de calculs personnels pour ne pas rencontrer une opposition plus ou moins dissimulée. La guerre d'Orient fut présentée comme le prélude de la continuation ou plutôt de la reprise des conquêtes du passé. L'opinion publique ne pouvait prendre le change, et le congrès de Paris vint reconnaître notre influence et nos droits. Il ratifia les préliminaires d'un règlement à venir ; et ce grand acte officiel de l'Europe réunie préparait les esprits aux événements qui s'accomplissent.

L'alliance anglaise n'était plus, dès lors, un

contrat à temps, au jour, à l'heure ; elle devenait
un engagement formel pour l'Angleterre de rester
avec la France pendant la paix comme pendant la
guerre. Aussi avons-nous vu les deux gouvernements agir de concert afin d'éviter un conflit
que l'inintelligence de l'Autriche a rendu nécessaire.

Qu'on ne nous objecte pas la timide opposition
que la guerre d'Italie rencontra au Parlement britannique. Les conservateurs, alors au pouvoir, ne
firent leur protestation que pour l'honneur du
drapeau de leur parti. Le peuple anglais, qui a
pris au sérieux l'alliance anglo-française, n'a point
hésité à provoquer la chute du cabinet. Et si le
ministère Palmerston-Russell accepta la neutralité
choisie par les conservateurs comme un palliatif
du respect exprimé pour les traités de 1815, cette
neutralité, en définitive, faisait obstacle à des complications d'où pouvait sortir une guerre générale.

Dans ces conditions, les hostilités déclarées
n'étaient plus qu'une mise en demeure. Qu'alors,
au lieu d'attaquer le Piémont, l'Autriche eût pro-
posé elle-même les préliminaires de Villafranca,
l'Italie aujourd'hui formerait une puissante et durable confédération.

Les concessions tardives sont rarement heureuses. Elles fournissent, presque toujours, un
prétexte aux récriminations. . . . .
. . . .

Le plan de confédération accepté enfin le lendemain de la victoire de Solférino sauvait l'Autriche, sauvait l'Italie et donnait pleine et entière

satisfaction à la politique traditionnelle de la France.

Ni Rome, ni Naples, ni les titulaires des duchés italiens n'avaient à se plaindre ou à réclamer. Les populations, délivrées pour jamais d'une servitude qui outrageait le principe des nationalités, n'avaient plus besoin de briser leurs chaînes avec effort. Elles étaient libres. Un congrès reconnaissait leurs droits : la France donnait sa parole comme garantie d'exécution. Des difficultés aujourd'hui fatales à tous et dont la solution est plus qu'aléatoire, s'aplanissaient par le caractère seul des circonstances. La question du pouvoir temporel du Pape; celle du rachat de la Vénétie; l'envahissement du royaume des Deux-Siciles enfin ne légitimaient point alors des refus, des dispositions passionnées, une résistance dont l'issue pourrait bien rendre inutiles les immenses sacrifices faits jusqu'ici pour l'indépendance de l'Italie. L'attitude de l'Europe a prouvé suffisamment que la cause pendante ne devait point sortir de ses termes. Ni la Russie, ni la Prusse, ni la Confédération Germanique n'ont pensé à intervenir, bien que les préliminaires de Villafranca puissent paraître réduits, en suite des événements postérieurs à la paix, à l'état de lettre-morte.

Et le travail de pacification, qui revenait de droit, d'urgence à un congrès européen, ne pouvait provoquer des difficultés sérieuses. L'Angleterre qui, peut-être, aurait un plan à part, mais que l'isolement auquel elle s'est condamnée en choisissant le rôle des neutres, ne lui permet point d'imposer, aurait-elle consenti à représenter seule, dans le conseil des nations, une minorité ridicule ? Si cependant le gouvernement britannique s'était cru engagé à se séparer de la majorité des ayant-cause et des parties intéressées, la nation anglaise, qui n'est point le cabinet, eût prononcé la déchéance du ministère ; et les disciples de l'école de Manchester auraient trouvé enfin ouverte et libre la voie que de vieux préjugés et des ambitions individuelles semblent devoir embarrasser encore pour quelque temps.

Mais, dira-t-on, la France n'eût point alors recouvré ses frontières des Alpes.

Les puissances comprennent le caractère de l'époque. Elles n'auraient point même essayé de ramasser les lambeaux épars des traités de 1815. Cette justice rendue, dirons-nous, ne blessait ni l'honneur, ni les intérêts ; elle imposait un frein aux convoitises ; elle calmait les inquiétudes, ramenait la confiance ; rendant enfin impossible tout appel à l'insurrection, tout plan de révolte, elle donnait la paix au monde.

Ils sont donc bien coupables ou bien aveugles ceux qui ont retardé, s'ils ne l'ont pas rendue impossible, une solution si pratique et si prompte ! Ces démolisseurs pourraient-ils retirer, au moins, des ruines amoncelées, une pierre angulaire pour servir à bâtir quelque chose de durable ? Réédifier ! Mais ils demandent de nouvelles luttes ; ils se préparent à de nouveaux assauts, à des envahissements. Ils prétendent ne s'arrêter que lorsque l'Europe tout entière sera sous les armes ;

que lorsqu'au nom du principe des nationalités dont ils s'inquiètent peu, mais qu'ils exploitent dans un but de désorganisation sociale, ils seront les arbitres des institutions, des peuples et des rois.

Ne suivons pas ces démagogues sous le masque : la France les désavoue.

La politique intérieure du second Empire n'est ni moins logique ni moins conciliante que sa politique étrangère.

<h2 style="text-align:center">VII</h2>

Tout ce que les doctrines socialistes ont de pratiquable s'est trouvé sagement dégagé des scories de l'ambition et du dévergondage de l'esprit pour servir au progrès humanitaire, à l'apaisement des passions, au bien-être des masses. Le travail ne connaît plus de chômage ; sur tous les points du territoire l'activité trouve un emploi rémunérateur ; et lorsque la maladie lui impose une halte forcée, la convalescence est hâtée par la perspective d'un asile, où les soins et le confort attestent plus que du bon vouloir, car ils sont une preuve éclatante d'un inépuisable dévouement à la classe trop oubliée jusqu'ici.

Les théories impossibles et dangereuses ont donc fait place à une organisation intelligente et chrétienne, car elle ferme la plaie béante au lieu de l'irriter.

Les fléaux dont le déchaînement triomphe de toutes les forces humaines ne provoquent point

en vain la sollicitude et les secours du gouvernement.

L'instruction, ce grain semé pour l'avenir, est
établie sur les meilleures bases au point de vue
de la famille et de la société.

La liberté de conscience n'enlève point à la re-
ligion de la majorité les droits acquis et les hom-
mages que le catholicisme mérite.

La liberté de parler et d'écrire a subi des conditions modifiées déjà par le temps.

Sans vouloir aborder la question de la liberté
de la presse, ne pouvons-nous pas constater, en
passant, une tendance tellement prononcée à des
récriminations plus bruyantes que légitimes,
qu'en vérité les terreurs de quelques publicistes
devant le décret du 24 novembre dernier ne mé-
ritaient peut-être point toutes les colères qu'elles
ont excitées.

En effet, on oublie trop vite les événements de
la veille; et au lieu de profiter des leçons données,
des épreuves subies, les impatients voudraient
regagner, d'un bond, d'un élan, le terrain perdu;
comme si la pente ne restait pas la même, toujours glissante et entraînant à l'abîme !

La liberté de la presse est une garantie de sta-
bilité pour les institutions sociales lorsque la tri-
bune du publiciste n'est occupée que par des
hommes graves, mûris par l'expérience, dévoués
avant tout aux intérêts véritables des peuples. La
discussion alors ne se passionne point; elle éclaire.
Mais dès que chacun, sans épreuves, se pose en
régulateur de l'opinion; dès que le journalisme

devient un Pré-aux-Clercs sur lequel viennent s'es-
crimer des apprentis en style, en logique, en histoire; qu'enfin le désœuvrement, la spéculation,
un échec subi improvisent un écrivain politique,
nous tombons en pleine confusion des langues;
c'est du bruit, rien de plus. Ce bruit cependant,
arrivant au désordre, finirait par troubler le repos des honnêtes citoyens. Il faut donc refréner
cette licence : autrement le public remplirait lui-
même les fonctions de censeur; et bientôt le per-
sonnage aujourd'hui le plus sérieux du journalisme, le caissier, se trouverait sans emploi.

Le lecteur le plus accommodant s'est aperçu
des vides laissés dans la presse lorsque la politique du second Empire a résisté aux incitations
de la polémique passionnée que provoquèrent
quelques explications demandées par la France
au cabinet anglais. Le tempérament de l'alliance
contractée est bien robuste, puisqu'il a résisté à
tant d'épreuves. Vit-on jamais plus de mauvaise
foi ou plus d'ignorance ? La Grande-Bretagne tra-
vestie n'était plus qu'une grande coupable à traî-
ner aux gémonies. Un simulacre d'invasion ren-
verserait le colosse aux pieds d'argile. Waterloo
demandait une prompte et facile vengeance. Il
fallait raser Londres et semer du sel sur le sol de
la nouvelle Carthage bouleversée de fond en
comble. Et lorsque des hommes sensés essayaient
de ramener au calme, au bon sens ces imagina-
tions en délire , d'arrêter ces accusateurs force-
nés ; ne voyez-vous pas, leur criait-on, de l'étage
du premier Paris et du rez-de-chaussée du feuil-

leton, ce peuple de marchands qui se fait soldat !
Et ces travaux de défense, et ces récriminations
des grands organes de la presse, ne prouvent-ils
pas surabondamment que l'Angleterre est notre
plus grand ennemi ; prévenons-la donc !

Les journaux anglais ont répondu aux provo-
cations faites ; et tandis que le bruit de la répli-
que étourdissait les masses et les effrayait, le
gouvernement britannique profitait de l'occasion
pour réparer des négligences coupables. Le bud-
get se gonflait sans débats. La marine réparait ses
pertes ; et chaque ville, chaque bourgade organi-
sait ses milices.

Le ministère a pu faire, en moins d'un an, ce
que dix sessions parlementaires auraient ajourné.

Si tous ces apprêts guerriers ne cachaient, par
hasard, qu'une sage précaution contre les éventualités d'un mouvement intérieur, le cri de —
delenda est Carthago — arriverait au ridicule. Les
pourfendeurs qui ont poussé ce cri auraient-ils
compris enfin la maladresse de leurs provoca-
tions ? Aujourd'hui ils adorent ce qu'ils maudis-
saient hier, et découvrent jusque dans les réserves
faites, jusque dans les restrictions de la presse
anglaise, les témoignages d'une entente cordiale.

Ils auront lu ce qu'ils auraient dû connaître
avant de formuler leur vague accusation ; ou si
les labeurs du métier ne leur permettent pas de
profiter des études du prince Louis Bonaparte
sur la Grande-Bretagne, ils auront compris enfin
la politique de l'Empereur Napoléon III.

Le second Empire a vengé noblement Waterloo.

Londres est debout et florissant; les Trois-Royaumes, bien qu'occupés de temps à autre à des revues et à des parades militaires, ne craignent plus d'être surpris par l'invasion. Le traité de commerce a révélé aux moins intelligents la politique vraie du second Empire.

Waterloo est vengé.

Que des circonstances imprévues provoquent entre les deux gouvernements quelques difficultés; les deux nations, sans s'inquiéter le moins du monde de débats qui ne pourraient sortir de la sphère diplomatique, continueront franchement leurs rapports d'amitié, d'estime et d'affaires.

Waterloo est vengé.

La France a repris le haut rang qui lui est dû parmi les nations. Ses armes victorieuses ont reconquis son ancienne influence en Orient. Ses flottes sont prêtes à protéger ses fils et ses intérêts dans les contrées les plus lointaines, et l'Angleterre combat à ses côtés.

Le second Empire, par les forces de l'opinion, doit transformer l'Europe. Aux alliances peu durables des rois succédera l'alliance des peuples.

Waterloo est vengé.

Un congrès pacifiant l'Italie par une solution équitable pacifiera le monde, et la politique du second Empire n'excitera désormais ni doutes, ni alarmes, ni appréhensions; car l'Europe, rois et peuples, aura compris que la France impériale se venge par des bienfaits.

VIII

Nous lisons dans un Mémoire adressé, il y a quelque temps, à l'Empereur de Russie, une appréciation fort ingénieuse. La France, dit l'auteur du Mémoire, est un composé de trois races conservant encore chacune son type originel. Le Franc est féodal, légitimiste ; le Romain est parlementaire et orléaniste ; le Gaulois est républicain ou impérialiste. La mission du second Empire est d'amener ces trois races à l'unité. . . . . . .

. . . .

. . . .

IX

Une solution des difficultés présentes qui sauvegarderait les droits légitimes et ferait triompher l'esprit et la lettre des préliminaires de Villafranca, réunirait, par un sentiment d'orgueil national et de reconnaissance, le Gaulois, le Romain et le Franc.

Paris, imp. de L. Tinterlin, rue Neuve-des-Bons-Enfants, 3.

www.ingramcontent.com/pod-product-compliance
Lightning Source LLC
Chambersburg PA
CBHW060805280326
41934CB00010B/2560